AF263370

# A QUI LA MÈCHE?

## VAUDEVILLE EN UN ACTE

### Par M. Eugène FURPILLE

Représenté pour la première fois, à Paris, sur le théâtre des FOLIES-DRAMATIQUES,
le 12 février 1858.

PRIX : 60 CENTIMES.

## Paris

### BECK, LIBRAIRE, RUE DES GRANDS-AUGUSTINS, 20

1858

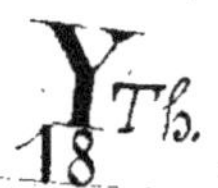

# À QUI LA MORT?

[illegible]

Paris

DENTU, LIBRAIRE, RUE DES GRANDS-AUGUSTINS, 20

[illegible]

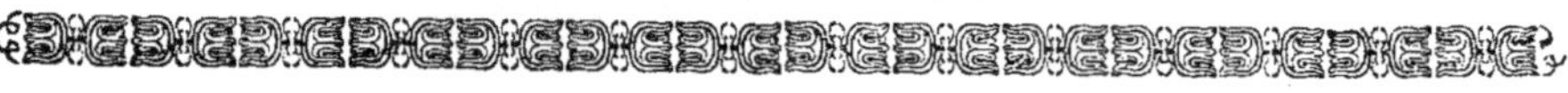

# A QUI LA MÈCHE?

## VAUDEVILLE EN UN ACTE,

## Par M. Eugène FURPILLE

Représenté pour la première fois, à Paris, sur le théâtre des FOLIES-DRAMATIQUES, le 12 février 1858.

| PERSONNAGES : | ACTEURS : |
|---|---|
| GRATEBOUL.......................................... | MM. JEAULT. |
| DUHOMARD.......................................... | BOISSELOT. |
| ROCHEPOT.......................................... | UTRÉ. |
| GIFFLOTTE.......................................... | Mmes ESTHER. |
| MADAME ROCHEPOT.......................... | HOLBÉ. |
| HORTENSE.......................................... | STELLA. |

Un salon de campagne. — Au premier plan, à gauche, la chambre d'Hortense; au second plan, la porte d'un couloir; au fond, une porte. Au second plan de droite, la cuisine; au premier, le cabinet de toilette de madame Rochepot. A gauche, une table.

## SCÈNE PREMIÈRE.

### ROCHEPOT, endormi, GIFFLOTTE.

GIFFLOTTE. Voilà le ménage fait!.. est-ce assez rococo ici?.. Aussi faut voir comme je bouscule le bataclan!

ROCHEPOT, ronflant. Ra, ra, ra, ra, ra.

GIFFLOTTE. Qu'est-ce qui vous parle à vous?.. c'est Gifflotte; vous savez bien? Gifflotte... la bonne à votre ami Grateboul, qui vous paye de l'agrément. (*Elle lui passe le plumeau sur la figure.*) Voyons, ne vous agitez donc pas comme ça, vous avez l'air d'un télégraphe qui a éprouvé des malheurs. (*Rochepot ronfle.*) Bien! bien! nous nous comprenons! aussi, pourquoi que vous êtes déballés ici? j'étais si heureuse! Monsieur, depuis son veuvage, ne démagnétisait pas de la journée : c'est sa toquade à c't homme, le magnétisme... et moi, j'y crois tout de même... Mais v'là-t-il pas qu'il prend à M. Grateboul l'idée biscornue de marier sa fille et de vous installer dans sa propriété de Neuilly, une bicoque qui a chignon sur rue, vous et votre femme, une chipie qui furette dans mon recueil de cuisine et m'a fait défendre de recevoir Gargouzon, un sergent du 47e de ligne, pas fier, qui mangeait à la table de cuisine de Monsieur, tout sergent qu'il était! Aussi, sans moi, madame Rochepot aurait passé un vilain quart d'heure!.. Ah! c'est qu'il lui aurait joliment enlevé sa tour Malakoff à votre femme !.. et à vous aussi. (*Elle lui repasse le plumeau.*)

ROCHEPOT. Finis donc, Zéphirine! ah! que c'est bête, que c'est donc bête! tiens!.. c'est vous, la bonne?.. eh! mais que faisiez-vous là?

GIFFLOTTE. Vous le voyez bien, je fais l'appartement.

ROCHEPOT. Comment! vous faites l'appartement sur ma figure? Ah çà! mais... la bonne, me prenez-vous pour un meuble?

GIFFLOTTE, à part. Pour une ganache.

ROCHEPOT. Je pourrais me plaindre à Grateboul, savez-vous? et, à propos de Grateboul, qu'est-ce que j'en ai fait de ce cher ami?.. il était là... il n'y a qu'un instant.

GIFFLOTTE. Il est parti depuis une heure pour promener votre femme et sa chienne, histoire de causer magnétisme au Pré-Catelan, à ce que prétend Monsieur; deux personnes seules, ça fait jaser, mais comme ils sont trois... dont une chienne.

ROCHEPOT. Dont une chienne! vous auriez le front de supposer..?

GIFFLOTTE. Moi? je ne suppose rien... Blondine a mis son collier neuf, et madame Rochepot son châle de dentelle d'il y a six ans... deux belles pièces.

ROCHEPOT. Insolente!... vous m'expliquerez...

GIFFLOTTE. Plus tard... j'ai mon dîner sur le feu... du veau froid! (*Fausse sortie.*)

ROCHEPOT. Hein?

GIFFLOTTE. Votre servante. (*Elle sort.*)

ROCHEPOT. Mal apprise !

## SCÈNE II.

### ROCHEPOT, puis DUHOMARD.

ROCHEPOT. Il faut avouer que les domestiques d'aujourd'hui sont autant de serpents qu'on réchauffe dans son antichambre, et si je n'étais aussi sûr de la vertu de Grateboul... Voyons, où en étais-je resté de mon journal, ce monument historique que j'ai interrompu pour me livrer aux douceurs de la sieste... c'est singulier comme je m'y livre depuis quelque temps aux douceurs de la sieste ! et toujours après déjeuner... surtout quand ma femme va se promener avec Grateboul... Il faudra qu'il m'explique cette particularité. (*Il s'assied à la table de gauche.*) Ah ! voici où j'en étais. (*Il lit.*) « Deux heures dix, je prends ma veste de « nankin et mon panama... pour aller rejoindre « ma femme et mon ami qui sont allés au chemin « de fer, afin de prendre livraison du futur gendre « de Grateboul. » (*Parlé.*) On ne se figure pas combien c'est commode d'écrire comme cela jour par jour... surtout pour moi qui ai si peu de mémoire ! Vous me direz : — Il y a des gens qui font des nœuds à leur mouchoir. — Bon ! mais si l'on oublie son mouchoir?.. Ah ! (*Écrivant.*) « M. Jules « Duhomard un 14ᵉ d'agent de change... »

DUHOMARD, *dans la coulisse.* Ça m'est égal.

ROCHEPOT. La voix de Duhomard ! (*S'interrompant.*) Bien ! j'ai écrit la voix de Duhomard... imbécile !

DUHOMARD, *entrant.* J'ai manqué le chemin de fer !..

ROCHEPOT, *se levant.* Ah ! voilà notre jeune fiancé.

DUHOMARD, *allant à Rochepot.* Alors, vous croyez que ma montre retarde ?

ROCHEPOT. Pardon... je ne suis pas bien...

DUHOMARD. Il faut vous soigner.

ROCHEPOT. Farceur, va ! (*A part.*) Il a une conversation décousue.

DUHOMARD. On m'a dit que mon beau-père était sorti... ça m'est bien égal... Mais Hortense, je ne la vois pas ! C'est drôle, chaque fois que j'arrive, elle n'est jamais là... j'ai peine à croire que nous jouions à cache-cache.

ROCHEPOT. Grateboul et mon épouse, madame Rochepot, viennent de sortir pour aller à votre rencontre, et, à mon tour, je vais vous quitter pour aller les rejoindre..,

DUHOMARD. Vous allez aussi à ma rencontre ?

ROCHEPOT. Moi ? non ! (*A part.*) Il est fatigant. (*Haut.*) Ah ! j'allais oublier mon journal, vous savez ? mon journal...

DUHOMARD. *La Patrie ?*

ROCHEPOT. Pas celui-là, mon journal à moi, l'histoire de ma vie.

DUHOMARD, *lui prenant le bras.* Ah çà ! pourquoi êtes-vous ici, vous et votre femme ?

ROCHEPOT. Mais parce que mon ami Grateboul a prié madame Rochepot de venir instruire sa fille dans l'art, toujours si difficile pour une jeune personne, de diriger la maison qu'il vous cède.

DUHOMARD. Elle n'est pas de la première fraîcheur ?

ROCHEPOT. Oh ! non !

DUHOMARD. Quarante-cinq ans ?

ROCHEPOT. Mieux que ça : elle a été bâtie sous le consulat !

DUHOMARD, *criant.* Votre femme ?

ROCHEPOT, *de même.* La maison !.. Vous me rendrez fou !

DUHOMARD. Il faut avouer que vous êtes joliment distrait... mais que je ne vous retienne pas.

ROCHEPOT. Ah ! (*A part.*) Il est très-fatigant.

DUHOMARD. Je connais ça ! et, quel que soit l'ennui que me procure votre conversation... les affaires avant tout.

ROCHEPOT. Mais...

DUHOMARD. Liberté complète.

ROCHEPOT. Pourtant...

DUHOMARD. Bonsoir ! bonsoir !

ROCHEPOT. Allons , puisque vous le voulez... (*A part.*) Il a une conversation très-décousue.

### ENSEMBLE.

Air :

DUHOMARD.
Terminez donc l'affaire
Qui vous attend ce soir ;
Au plaisir, je l'espère,
De ne pas vous revoir !

ROCHEPOT.
Je vous laisse à l'affaire
Que vous semblez avoir ;
Dans un instant, j'espère,
Nous allons nous revoir.

(*Il sort par le fond.*)

## SCÈNE III.

DUHOMARD, *seul.* Voilà un honnête homme qui s'en va... un homme estimable sous tous les rapports, qui traîne à son pied débile, en guise de boulet, la femme la plus charmante que je connaisse... aussi, dès que je serai maître de céans, mon premier acte d'autorité sera de les flanquer à la porte... dès que je serai le mari d'Hortense... son mari !.. être son mari ! Oh ! rage ! ne pas l'être ! je suis bien le garçon le plus irrésolu que vous ayez jamais rencontré sur le macadam, ou plutôt dedans... une agréable invention... les jours de pluie !

*Air nouveau de M. Oray.*

Je suis, moi, Jules Duhomard,
Un chercheur de petite bête,
Aveugle, d'une espèce à part,
Qui va dans la vie au hasard
Sans caniche et sans clarinette.

J'aime Hortense!.. Si l'on ne disait : Tu ne l'épouseras pas ! j'ôterais mon gilet de flanelle pour attraper une fluxion de poitrine. On me dit : Épousez-la! et j'hésite. Dois-je me marier? trouverai-je au coin du foyer domestique le bonheur à côté de mes pantoufles? Dira-t-on de nous, lorsque nous aurons fini notre carrière, ce que disent les dernières lignes d'un conte de fée : Ils furent heureux et ils eurent beaucoup..... Ah ! je suis très-indécis, mais très... en un mot, j'ai des fourmis dans le cœur!.. Allons, Duhomard, si tu veux prouver que tu es un homme... marie-toi !

*Même air.*

Prenez pitié de Duhomard,
Hymen! dans vos bras je me jette.
O mon Hortense au doux regard!
Que ton amour soit, sans retard,
Mon caniche et ma clarinette.

## SCÈNE IV.

### HORTENSE et DUHOMARD.

HORTENSE, *entrant.* Il me semblait avoir entendu... Ah! c'est vous, monsieur Jules?

DUHOMARD. Oui, moi-même, monsieur Jules ! A propos, comment vous portez-vous ?

HORTENSE. Ah ! vous êtes galant aujourd'hui; monsieur Jules! mais, si vous le permettez, je vais achever cette broderie. (*Elle s'assied à gauche.*)

DUHOMARD. Vous confectionnez des bretelles?

HORTENSE. Non ! c'est une portière que je termine pour sa fête.

DUHOMARD. La fête de la portière ?

HORTENSE. Non, vous savez bien ?.. la fête de mon père.

DUHOMARD. Ah! oui, la Saint-Grateboul... eh bien! et moi ?

HORTENSE. Vous?... lisez le journal. (*Duhomard la regarde.*) Eh bien ! vous ne lisez pas?

DUHOMARD. Je lis dans vos yeux bruns un conte bleu en deux volumes; je contemple... je suis comme le propriétaire qui parcourt un matin le domaine qui vient de lui tomber du ciel.

HORTENSE. Oh! notre mariage n'est pas encore conclu.

DUHOMARD. Comment! mais votre père ne devait-il pas aller chez son notaire? hier, il m'a promis de lui donner un coup de pied... l'a-t-il donné?

HORTENSE. Il doit y aller tous les jours.

DUHOMARD. Et il n'y va jamais ?

HORTENSE. Il faut avouer qu'il s'occupe beaucoup plus de somnambulisme que de notre mariage. Hier encore, ne voulait-il pas à toute force nous magnétiser, moi et madame Rochepot?.. sous prétexte que nous devons être des sujets très-lucides.

DUHOMARD. Lucide! madame Rochepot !... c'est à dormir debout!... mais on ne m'endort pas, moi ! et, s'il n'était pas votre père, je vous prie de croire que je ne l'attendrais pas pour vous épouser !

HORTENSE. Et mon consentement à moi, Monsieur, l'attendriez-vous ?

DUHOMARD. Votre consentement ? Hortense ! votre..? vous ne m'aimez pas !.. ce Grateboul est un père barbare qui vous sacrifie à moi; et tout cela, parce que j'ai acheté pour lui des petites voitures et des caoutchoucs durcis... sans lui demander de couverture!.. j'ai passé tout l'hiver sans couverture... Mais à présent... il m'offrirait un traversin avec, que je n'achèterais plus rien. ... Oh ! j'avais donc raison de ne pas vouloir me marier !..

HORTENSE, *se levant.* Que dites-vous? et moi qui pressais mon père... qui le suppliais... ah ! Monsieur !..

DUHOMARD. Hortense ! Hortense! qu'ai-je encore fait ? elle pressait son père, elle le suppliait : j'avais donc raison de vouloir me marier !

HORTENSE, *s'asseyant à gauche.* Vous êtes fou, Monsieur, laissez-moi.

DUHOMARD. Ah ! c'est que je suis si inquiet! vous n'avez pas connu mon grand-père?.. même tempérament... il avait des inquiétudes jusque dans les jambes, quand il était assis.

HORTENSE, *travaillant à une broderie.* Je n'écoute plus rien : j'ai un point très-difficile à finir.

DUHOMARD. Ne me montrez pas le *poing*, je vous crois.... mais, pour me prouver que vous ne me gardez pas rancune, donnez-moi cette boucle de cheveux que vous deviez me livrer à terme..... je n'en aurai pas d'assez forts pour vous remercier.

HORTENSE. Impossible, Monsieur ! ce n'est pas convenable avant la célébration, et, du reste, mon père me l'a défendu.

DUHOMARD. O Grateboul ! je te reconnais à cette nouvelle platitude.

HORTENSE. Quel drôle de garçon vous faites! voyons, lisez-moi quelque chose pendant que je vais achever cette fleur... votre journal : cela me distraira.

DUHOMARD. Le *Journal des actionnaires?* cela ne distrait que les agents de change...

HORTENSE. Eh bien! Monsieur, est-ce que je ne serai pas agent de change, bientôt?

DUHOMARD. Hortense... vous manquiez à la corbeille !

HORTENSE. Lisez! Monsieur, lisez donc!

DUHOMARD. C'est vous qui l'aurez voulu. (*Lisant.*)

« Jules aimait depuis longtemps Hortense : vivre
« à ses pieds était son rêve le plus doux. Par une
« belle matinée de juin, ils étaient seuls. . tout se
« taisait autour d'eux, et Jules, tombant aux ge-
« noux de sa fiancée... » (*Il tombe à genoux.*)

HORTENSE. Que faites-vous, Monsieur ?

DUHOMARD. Je lis le journal, Mademoiselle...

Air de *la Niaise de Saint-Flour* (COUDER).

Je veux, disait-il à sa chère Hortense,
Être un bon mari fidèle et rangé.
Je veux embellir ta douce existence.

HORTENSE.

Vraiment ce journal est bien rédigé.

DUHOMARD.

Puis, comme jadis l'amoureux Léandre,
De sa Colombine il saisit la main. .

HORTENSE.

Arrêtez, Monsieur, je ne puis entendre,
Veuillez vous lever : la suite à demain.

DUHOMARD.

Non, Mademoiselle, il me reste à dire
Un mot! rien qu'un seul mot! bien difficile à lire...

HORTENSE.

Lisez!

DUHOMARD.

Mais je n'ose...

HORTENSE, *lui tendant la main.*

Allons, c'est égal,
Osez, Monsieur, puisque c'est sur votre journal.
(*Il lui embrasse la main.*)

GRATEBOUL, *en dehors.* Oh ! l'affreuse bête !

HORTENSE. Prenez garde, voici mon père avec
madame Rochepot.

## SCÈNE V.

### HORTENSE, DUHOMARD, GRATEBOUL, MADAME ROCHEPOT.

GRATEBOUL, *entrant.* Ah! l'affreuse bête! ah!
l'affreuse bête!.. Bonjour, mon gendre, comment va?

DUHOMARD. Je vous l'ai déjà dit hier.

GRATEBOUL. C'est juste!.. (*Au fond.*) Attachez-la
solidement. (*Redescendant.*) Bonjour, ma fille,
comment va?

HORTENSE. Vous me l'avez déjà demandé ce
matin.

GRATEBOUL. C'est juste... Ah! l'affreuse bête !

DUHOMARD. Sur quelle bête avez-vous donc marché ce matin, beau-père?

GRATEBOUL. Sur Blondinette!.. ma chienne!..
Corne de bœuf!.. une drôlesse qui s'avise de
rompre son collier, un collier tout neuf, et de me
faire courir après elle, juste au moment où, do-
minée par mon regard magnétique, et assise sur
une chaise du Pré-Catelan, Madame commençait
à s'endormir en mangeant des gaufres.

MADAME ROCHEPOT. Et en vous écoutant : votre
conversation était si intéressante !

GRATEBOUL. Allons, allons, vous avez beau dire,
j'ai du magnétisme à vendre, et il faut absolument que j'en fasse usage pour vous magnétiser
aujourd'hui, vous ou Hortense... Demandez, faites-
vous servir.

MADAME ROCHEPOT. Merci, je ne prendrai rien.

DUHOMARD, *à part.* Vieil endormeur, va ! (*Haut.*)
Ah çà! dites donc, beau-père, et notre contrat,
sera-ce définitivement pour aujourd'hui ou pour
demain?..

GRATEBOUL. Le contrat? . (*A part.*) Corne de
bœuf! comme je suis serré dans ce pantalon neuf,
nuance beurre-fondu! (*Haut.*) J'y songe, Duhomard, j'y songe.

HORTENSE. Vous m'aviez promis d'aller chez le
notaire...

DUHOMARD. Et vous allez au Pré-Catelan... qui
n'en tient pas.

GRATEBOUL. Il y a des notaires partout, mon
gendre, et quant au mien... voici sa lettre : il nous
attend demain sur les onze heures, sur le bas de
sa porte et sur son trente-et-un ; c'est une surprise que je vous ménageais.

HORTENSE. Ah! papa, que vous êtes gentil !

DUHOMARD. Diable de beau-papa .. avec sa surprise! on prévient au moins!

GRATEBOUL. Farceur! ce ne serait plus une surprise.

DUHOMARD. Tout de même. A demain donc ;
mon habit noir et ma cravate blanche ne se feront
pas attendre... et maintenant je vole à la Bourse.

GRATEBOUL. C'est votre état !

MADAME ROCHEPOT*. Monsieur ne dîne pas avec
nous ?..

DUHOMARD. Impossible, belle dame : j'ai déjà
manqué le chemin de fer ce matin, et le tourni-
quet me réclame.

GRATEBOUL. A demain, Duhomard. Ah! j'ou-
bliais...

DUHOMARD. Encore une surprise ?

GRATEBOUL. Non, c'est ce satané beurre-fondu
qui m'étouffe... Faites-moi l'amitié de me lâcher
un peu la patte.

DUHOMARD. Soit! je lâche votre patte**. (*Il lui desserre la boucle de son pantalon.*) Serrez la mienne...
et à demain.

GRATEBOUL. A demain... Hortense, reconduis ton
futur.

DUHOMARD. Présent!

GRATEBOUL. Passez!

ENSEMBLE.

Air :

HORTENSE ET DUHOMARD.

Nous irons demain
Tous à la mairie :
L'amour nous convie
A ce doux hymen.

* Hort. Duh. madame Roc. Grat.
** Hort. madame Roc. Grat. Duh.

MADAME ROCHEPOT ET GRATEBOUL.
Nous irons demain
Tous à la mairie :
L'amour les convie
A ce doux hymen.
(*Hortense et Duhomard sortent.*)

## SCÈNE VI.

### MADAME ROCHEPOT *et* GRATEBOUL.

GRATEBOUL. Ces chers enfants ! ils s'aiment, ils sont heureux !.. Ouf !

MADAME ROCHEPOT. Pourquoi ce ouf?

GRATEBOUL. Vous me le demandez, Zéphirine? vous qui refusez inflexiblement d'être ma somnambule !

MADAME ROCHEPOT. Aristobal, si mon mari vous entendait !

GRATEBOUL. Oh! pour cela, je l'en défie bien.

MADAME ROCHEPOT. Et pourquoi?

GRATEBOUL. Parce qu'il dort comme un régiment de sabots... Chaque jour, je lui repasse de l'électricité magnétique avant de partir pour la promenade, et ceux que j'endors... dorment bien...

MADAME ROCHEPOT. Se peut-il? moi, qui acceptais votre bras et vos gaufres avec tant de confiance, Aristobal ! vous êtes un Lovelace !

GRATEBOUL. Un Lovelace, moi! Eh bien! oui, je me lâche ce faux nom, et vous serez ma Clarisse... Harlowe... *I love you!* La passion me fait parler anglais. Zéphirine, votre mari, ce chiffre conjugal sans importance, est-il digne, comme moi, d'apprécier l'ample crinoline dont la nature vous a douée?

MADAME ROCHEPOT. Aristobal, je ne puis entendre...

GRATEBOUL. Si! vous m'entendrez! il le faut, ô Zéphirine !..

MADAME ROCHEPOT. Monsieur !..

GRATEBOUL. Vous m'appeliez Aristobal il n'y a qu'un instant; appelez-moi Aristobal! Que veux-je?.. vous aimer dans l'ombre, mystérieusement, platoniquement! dites, pourquoi ne l'avez-vous pas permis que je vous magnétisasse ?

MADAME ROCHEPOT. Me magnétisasser! jamais! laissez-moi * !

GRATEBOUL, *l'arrêtant.* Pour me quitter, il faudra que vous me passiez sur mon corps... sur mes deux cors.

MADAME ROCHEPOT. Je veux voir mon mari!

GRATEBOUL. Il dort.

MADAME ROCHEPOT. Vous me faites peur ! si c'était du dernier sommeil?

GRATEBOUL. Il ne faut pas l'espérer.

MADAME ROCHEPOT. Oh! je saurai bien l'éveiller. (*Fausse sortie.*)

GRATEBOUL, *l'arrêtant.* Faible femme, vous allez vous briser contre ma puissante poitrine...

* Grat. madame Roc.

MADAME ROCHEPOT. Mais je suis donc dans la forêt de Bondy?

GRATEBOUL. Oui, Madame, j'arrête la diligence et je séquestre les voyageurs.

MADAME ROCHEPOT. Oh! c'est infâme ! laissez-moi !.. (*Elle le repousse et entre dans la chambre de gauche.*)

GRATEBOUL. Ah! faible femme, vous m'avez démis le poignet.

MADAME ROCHEPOT. Personne !

GRATEBOUL. Personne ! je respire bruyamment.

MADAME ROCHEPOT. Aristobal, vous avez agi comme un pied-plat; je vous pardonne, mais jurez-moi d'étouffer votre amour.

GRATEBOUL. Entre deux matelas.

MADAME ROCHEPOT. Vous êtes bon, Aristobal, mais mon mari nous cherche peut-être : vous permettez que je sonne pour m'informer?..

GRATEBOUL. Vous n'agiterez jamais autant la sonnette que vous avez agité mon cœur.

MADAME ROCHEPOT, *sonnant.* Rien !.. Cette Gifflotte est d'une lenteur...

GRATEBOUL. Ce n'est pas une cuisinière, c'est un fiacre que j'ai à mon service.

MADAME ROCHEPOT. Elle le fait exprès, j'en suis sûre.

GRATEBOUL. Patience! qui n'entend qu'une cloche, n'entend qu'un son; mais deux cloches... (*Prenant une sonnette.*) Vous y êtes ? Allons-y gaiement ! (*Ils sonnent tous les deux.*)

## SCÈNE VII.

### GRATEBOUL, MADAME ROCHEPOT, GIFFLOTTE.

GIFFLOTTE. Voilà ! voilà ! plus que ça de tocsin ! c'est Monsieur qui a sonné?

GRATEBOUL. Non! j'ai agité la sonnette, mais c'est Madame qui vous sonne.

GIFFLOTTE. Ah! c'est Madame? Eh bien, qu'est-ce qu'elle me veut, Madame?

MADAME ROCHEPOT. Mademoiselle, sauriez-vous nous dire où est M. Rochepot?

GIFFLOTTE. Votre mari? ah bien! est-ce que je sais, moi? il n'est pas à Pékin, bien sûr !

GRATEBOUL. Impertinente !

GIFFLOTTE. Dame! je ne suis pas une gardeuse de maris, moi !

GRATEBOUL. Ah! ceci est de la force de plusieurs Turcs !

MADAME ROCHEPOT. C'est un faible échantillon des gracieusetés dont Mademoiselle nous accable, mon mari et moi : ma surveillance lui déplaît, sans doute !

GIFFLOTTE. Ah !.. par exemple ! s'il n'y avait que ça pour me gêner aux entournures...

MADAME ROCHEPOT. Que voulez-vous, mon ami ? j'ai le malheur de ne pas prendre les... additions pour des lanternes, et les petits pois à six sous le litre pour des primeurs.

GRATEBOUL. Vraiment Eh bien, j'en apprends de folichonnes ! (*A part.*) Gredin de beurre-fondu ! comme il me serre la taille !

GIFFLOTTE. Un tas de calomnies : c'est tout comme si j'allais dire que Madame porte une fausse natte derrière la tête, pommadée à la tubéreuse, et qu'elle se met de la farine sur les bras.

GRATEBOUL. Les bras m'en tombent !

MADAME GRATEBOUL. Mon ami, ne la croyez pas !.. ne la croyez pas !.. c'est faux... comme le piano d'Hortense !

GIFFLOTTE*. Ah! j'ai des oreilles, et, si j'avais mauvaise langue... je pourais répéter avec tout le monde...

Air : *Il est, dit-on, un beau jeune homme* (Ambassadrice, premier acte).

Rochepot est un pique-assiette...<br>
M'sieu, pour mordre au fruit défendu,<br>
L'endort!.. La fille est un' coquette...<br>
Le gendre est un hurluberlu!..<br>
Voilà les cancans,<br>
Les propos piquants,<br>
Les chuchotements,<br>
Qu'à tous les instants,<br>
Malgré moi, j'entends<br>
Chez tous les marchands.<br>
Les voisins méchants!<br>
Là, c'est l'épicier,<br>
Là, c'est la fruitière ;<br>
Puis le charcutier<br>
Ou le chaudronnier ;<br>
Puis le charbonnier ;<br>
Et puis... la crémière<br>
Ou bien le portier...<br>
Ce vieux tracassier !<br>
Mais, pour moi, je hais<br>
Ces affreux caquets,<br>
Et, je le promets,<br>
Je n'en fais jamais.

GRATEBOUL. Assez! assez! Gifflotte, je suis fixé... faites votre malle, et imitez le quinquet de notre escalier.

GIFFLOTTE. Que je file!.. Vous me mettez à la porte?

GRATEBOUL. J'en ai peur.

GIFFLOTTE, *à part.* Tu me le payeras plus cher qu'au marché, foi de cuisinière ! (*Haut.*) Et mes gages?

GRATEBOUL. Voilà ! (*Il les lui donne.*)

GIFFLOTTE. Et mes huit jours?

GRATEBOUL. Voici!.. prenez votre essor.

GIFFLOTTE. On le prendra. (*A part.*) Vieux pingre !

MADAME ROCHEPOT**. J'aperçois mon mari qui cause avec Hortense dans le jardin; ils nous cherchent.

GRATEBOUL. Nous allons les rejoindre... (*Il se desserre; à part.*) Voilà une belle occasion pour magnétiser et consulter la somnambule, sur le

* Grat. Gif. madame Roc.
** Madame Roc. Grat. Gif.

choix d'une cuisinière; je vais en parler à ma fille... (*Haut à Gifflotte.*) Quant à vous, ne l'oubliez pas!.. dans cinq minutes !..

GIFFLOTTE. C'est bon, on s'en ira. (*A part.*) Vieux pingre !

ENSEMBLE.

Air :　　　　　　　　(ORAY).

GRATEBOUL.

Délogez!<br>
Délogez!<br>
Soubrette sans préjugés,<br>
Vos forfaits sont jugés :<br>
Délogez, déménagez!

MADAME ROCHEPOT.

C'est jugé,<br>
C'est jugé :<br>
On lui donne son congé.<br>
Mon honneur... outragé,<br>
Dès ce soir sera vengé.

GIFFLOTTE.

C'est jugé,<br>
C'est jugé :<br>
Je vais prendre mon congé.<br>
C'est jugé,<br>
Homme âgé :<br>
Ce soir j'aurai délogé.

(*Grateboul et madame Rochepot sortent par le fond.*)

~~~~~~~~~~~~~~~~~~~~~~~~~~~~~~~~~~~~~~~~~

<div style="text-align:center">

## SCÈNE VIII.

GIFFLOTTE, *puis* DUHOMARD.

</div>

GIFFLOTTE. Eh bien! en voilà un coup de balai!.. et dire que c'est la Rochepot qui me vaut ça! oh! je me vengerai d'elle!.. oui... mais comment? allons toujours faire notre paquet...

DUHOMARD, *entrant.* J'ai manqué le chemin de fer!.. décidément... c'est un parti pris... par l'administration !..

GIFFLOTTE. Tiens! monsieur Duhomard ! Vous arrivez bien!..

DUHOMARD. Je m'en flatte.

GIFFLOTTE. La marmite est renversée.

DUHOMARD. Cela m'est égal, je n'aime pas la soupe aux choux. Annoncez-moi.

GIFFLOTTE. Oui, monsieur Duhomard, je vous annoncerai... que je ne suis plus au service de M. Grateboul.

DUHOMARD. On t'a balancée? et le motif de ce balancement?

GIFFLOTTE. Oh!.. le motif, c'est que j'avais de bons yeux, et que j'y voyais trop clair.

DUHOMARD. On t'aurait voulu myope?

GIFFLOTTE. A peu près... on s'est défié de ma discrétion, et pour me congédier plus facilement...

DUHOMARD. On t'a mise à la porte? Voyons, sphinx en jupons, vas-tu bientôt me donner la clef de tous ces logogriphes?..
~~~~~~~~~~~~~~~~~~~~~~~~~~~~~~~~~~~~~~~~~

GIFFLOTTE. Ah! non, Monsieur, ça aurait l'air d'une vengeance... mais comment entrez-vous dans une pareille famille, monsieur Duhomard?

DUHOMARD, *à part.* Son rictus m'inquiète?.. est-ce que Hortense..? (*Haut.*) Ainsi, tu refuses de jaboter avec moi?

GIFFLOTTE. Oh! positivement : adressez-vous à d'autres!

DUHOMARD. Parlez au concierge!.. non, il faut absolument que je sache si dans ton expulsion il n'y aurait pas quelque chose qui intéresserait la réputation d'une personne... tu comprends?..

GIFFLOTTE. Dame! Monsieur, cherchez, devinez... ou bien encore... faites comme votre beau-père... consultez une somnambule... avec un mouchoir, une bague, des cheveux!

DUHOMARD. Des... (*A part.*) Et Hortense, qui tantôt me refusait des siens... par l'ordre de son père! fatal rapprochement! (*Haut.*) Vite, Gifflotte! vite! des cheveux de la personne en question.

GIFFLOTTE. Ça ne me dit pas de qui?

DUHOMARD. Eh bien! Hortense, la!

GIFFLOTTE. Des cheveux de mademoiselle Hortense? tiens! c't'idée!

DUHOMARD. Oui, oui, oui!

GIFFLOTTE. C'est bien facile... justement, je lui en ai coupé l'autre jour, en la coiffant.

DUHOMARD, *à part.* Peut-être pour en donner à un autre! (*Haut.*) Brûle le pavé de cette chambre, et ma fortune est à toi!

GIFFLOTTE. J'y cours! (*A part.*) Mais, j'y pense... ça ne sera pas drôle... il n'y a rien à dire sur mademoiselle Hortense... Ah! des cheveux de madame Rochepot, sans qu'il s'en doute!.. là, dans ce cabinet de toilette où elle se coiffe.

DUHOMARD. Comment! tu n'est pas encore partie?

GIFFLOTTE. Au contraire... je suis déjà revenue! (*Elle entre dans le cabinet de droite.*)

DUHOMARD. Je bous! je cuis! je grille!...

GIFFLOTTE, *rentrant.* La boucle demandée!

DUHOMARD. Donne, donne! (*Il prend le papier.*) Et ce sont bien là ses cheveux?.. tu m'en réponds?

GIFFLOTTE. Sur ma tête!.. c'est-à-dire, non, sur la sienne. (*A part.*) J'ai rogné sa fausse natte.

DUHOMARD. Bien!.. et maintenant... je t'ai dit que ma fortune était à toi... Tiens, prends. (*Il lui donne de l'argent.*)

GIFFLOTTE, *à part.* Quarante sous! voilà ce qu'il appelle sa fortune! Quel rat! (*Haut.*) Cachez vite! on monte l'escalier. Je me sauve pour prendre mon paquet, et chercher au bureau de la rue Montmartre une autre place pour moi, s'il y a mèche.

DUHOMARD. Merci pour la tienne, et bonne chance!

GIFFLOTTE, *à part.* Grâce à moi, ils vont se prendre aux cheveux! (*Haut.*) Bonsoir!.. (*Elle sort par le fond.*)

DUHOMARD. A nous deux!..

<hr>

# SCÈNE IX.
### ROCHEPOT, GRATEBOUL, DUHOMARD.

ROCHEPOT, *à Grateboul.* Mais explique-moi donc comment il se fait que je m'endors toujours après déjeuner!

GRATEBOUL. Que veux-tu que je te dise? C'est que tu absorbes l'électricité de mon regard sans le savoir... Ce n'est pas ma faute : j'en ai à revendre.

ROCHEPOT. A propos de revendre... voici une boîte que tu as achetée... Ton concierge me l'a remise en passant; c'est un cadeau de noces pour ta fille, n'est-ce pas?

GRATEBOUL. Oui, oui. (*A part.*) Comme je suis gueugueux... c'est un collier pour sa femme!.. (*Haut.*) Cette chère Hortense, je vais donc la magnétiser pour la première fois!

DUHOMARD. Hein?.. vous allez magnétiser votre fille avec cette boîte en maroquin?

GRATEBOUL. Non, non... vous voilà revenu, gendre prodigue! on tuera le veau froid en votre honneur, et vous serez témoin, avant dîner, d'une expérience à confondre Alexis.

DUHOMARD. Ah!..

GRATEBOUL. Je vais endormir Hortense pour qu'elle me choisisse une nouvelle cuisinière; quand on a, comme moi, de l'électricité à revendre... demandez plutôt à Rochepot... Oui ou non, ai-je de l'électricité? ai-je le regard magnétique?

ROCHEPOT. Ça, pour avoir le regard magnétique, tu as le regard magnétique; à telle enseigne, que j'ai inscrit le fait sur mon journal, il y a quinze jours.

DUHOMARD. Et, la!.. vraiment, vous croyez que votre fille pourrait...?

GRATEBOUL. Si elle pourrait!.. Mais, une fois endormie par mes mains, elle peut dévoiler le passé, démasquer le présent, et débarbouiller l'avenir!.. Et tout cela... pour me choisir une cuisinière!

DUHOMARD. Ah! ah! vous me faites mal à la rate, avec vos expériences!.. beau-père, vous avez du Mengin dans le regard; vous offrirai-je un casque?

ROCHEPOT. Un casque?

GRATEBOUL. Merci!.. je ne prends rien entre mes repas... Mais quel est ce Mengin?

DUHOMARD*. C'est un monsieur qui vend des crayons d'assez bonne mine!.. Faites comme lui, beau-père; allez enseigner le magnétisme sur les places publiques, dans votre voiture jaune. (*Désignant Rochepot.*) Monsieur jouera de l'orgue pendant les entr'actes.

GRATEBOUL. Quelle barbarie!

ROCHEPOT. Mon ami!

DUHOMARD. Otez votre casque, et avouez-moi franchement que votre magnétisme est une balançcelle!

_____________
* Rochepot, Duhomard, Grateboul.

GRATEBOUL. Jamais !

DUHOMARD. Prêtez-moi une canne, beau-père... je vous la rendrai... sur le dos !

ROCHEPOT. Une canne !..

GRATEBOUL. Vous commettriez un grateboulicide, Duhomard ; mais... avant de nier un fait, il faut l'expérimenter.

ROCHEPOT. C'est de toute évidence !..

DUHOMARD. Tournez donc votre orgue, vous !

GRATEBOUL. Si je vous donnais une preuve irrécusable de l'existence réelle du magnétisme ? hein ?

ROCHEPOT. Hein ?

DUHOMARD. Bon ! après ?

GRATEBOUL. Si, endormie par ma puissance, Hortense vous faisait des révélations ?.. hein ?..

ROCHEPOT. Hein ?..

DUHOMARD. Hein ! vous m'ennuyez singulièrement... je n'envoie pas un commissionnaire vous le dire.

GRATEBOUL. Je vais endormir ma fille, vous entendez ? ma fille !.. et c'est vous qui l'interrogerez !.. je vous cède la parole !

DUHOMARD. Moi ?

GRATEBOUL. Vous ! tout ce qu'elle vous dira sur votre demande sera la vérité.

DUHOMARD. En vérité ?

ROCHEPOT. Ah ! ah ! vous voilà pris !

DUHOMARD. Tournez donc votre orgue, vous !.... (A Grateboul.) Ainsi, avec n'importe quoi... ayant appartenu à n'importe qui...?

GRATEBOUL. Précisément.

ROCHEPOT. Voilà !..

DUHOMARD. Vous seriez de cette force ?.. oh ! non, c'est impossible !

GRATEBOUL. Impossible ! impossible ! (Appelant.) Hortense ! Hortense !..

ROCHEPOT. Impossible ! (Appelant.) Zéphirine ! Zéphirine !

GRATEBOUL. Duhomard... je vais vous épater... mon honneur l'exige !..

DUHOMARD. Que Mesmer vous entende ! (A part.) Allons !.. la mèche en est jetée !..

## SCÈNE X.

### ROCHEPOT, GRATEBOUL, DUHOMARD, HORTENSE, MADAME ROCHEPOT.

MADAME ROCHEPOT. Est-ce que le feu est à la maison ?..

GRATEBOUL. Arrive ! arrive, ma fille ! j'en tiens un de sceptique !.. Duhomard revient par le train... exprès pour être confondu !.. Arrive... que je t'endorme, qu'il t'interroge, et que je le pulvérise !

HORTENSE. M'interroger, lui, monsieur Duhomard ?

DUHOMARD. Que la volonté de Grateboul soit faite !...

HORTENSE. Mais, papa, je vous l'ai déjà dit, moi, je ne veux pas...

DUHOMARD. Vous ne voulez pas !... (A part.) Ah ! elle se méfie aussi, c'est évident !.. ô bouteille à encre ! comme on te secoue !..

GRATEBOUL. Tu ne veux pas !.. tu ne veux pas !.. J'entends que vous dormiez, moi, et tout de suite !..

HORTENSE. Pourtant, papa...

GRATEBOUL.* Assieds-toi là, vous dis-je ! (Hortense s'assied dans un fauteuil.) Et d'abord, je ressangle mon beurre-fondu... (Il se resserre.) A présent, place au magnétisme !.. (Il magnétise avec des gestes comiques.) Je dois être beau !..

ROCHEPOT. Attention ! je prends la plume... les moindres détails de cette séance vont être couchés sur mon journal. (Il s'assied et se dispose à écrire.)

DUHOMARD, comme à un chien. Couchez, Rochepot, couchez !

HORTENSE, se débattant contre les passes magnétiques. Mais, papa...... vous me faites voir des bluettes !

GRATEBOUL. Tant mieux !.. c'est l'électricité qui opère !..

HORTENSE. Mais, papa, vous me faites bâiller !...

GRATEBOUL. Tant mieux !.. c'est qu'elle opère de plus en plus ! (Hortense s'endort.)

DUHOMARD. Fichtre ! c'est pourtant vrai qu'elle s'endort ! (A Grateboul.) Vous n'avez qu'à parler !..

GRATEBOUL. Parbleu !

ROCHEPOT. Écrivons... (Il écrit.) « Quatre heures « quarante, la petite clot sa blanche paupière « sans le moindre ronflement... »

MADAME ROCHEPOT, à Grateboul. Mon ami..... vous ne craignez pas que ce sommeil factice...

GRATEBOUL. Pas un mot, je suis en rapport ; mon gendre, j'attends votre bon plaisir... (A part.) Je dois être beau !..

DUHOMARD. Vous êtes bien bon. (Il lui donne un papier.) Tenez... dans ce papier se trouvent renfermés des cheveux qui ont appartenu à une tête bien chère ! Interrogez vous-même... je ne m'en sens pas le courage !

GRATEBOUL, prenant le papier. Donnez... et vous allez voir ce que vous allez entendre... (A Hortense.) Hortense, tu dors, n'est-ce pas ? si tu dors, dis-le...

HORTENSE, rêvant. Vous m'ennuyez !..

GRATEBOUL. Hein ! comme elle est gentille ! quand elle dort. Prends ce papier, ma fille, tu vois ce qu'il contient, dis, le vois-tu ?

HORTENSE. Certainement, je le vois... mais je ne veux pas vous dire... (Mouvement de Duhomard.)

GRATEBOUL. Qu'est-ce que c'est, Mademoiselle ?.. répondez tout de suite à cette électricité... répondez vite...

HORTENSE. Eh bien ! ce papier contient des cheveux... d'une personne...

GRATEBOUL. Masculine ou féminine ?

HORTENSE. Féminine.

DUHOMARD. Le sexe est juste ! (A part.) Je ne vois

---

* Roch. Mad. Roch. Grat. Hort. Duhom.

qu'à travers un brouillard... comme les chevaliers de la Porte-Saint-Martin.

ROCHEPOT. Quelle étonnante lucidité! Je continue de sténographier.

GRATEBOUL. A présent, ma fille, donne-nous quelques renseignements sur cette personne... tu la vois... n'est-il pas vrai?

HORTENSE. Oui... cette personne, d'un caractère très-léger, enclin à la coquetterie...

DUHOMARD. Après? après?

HORTENSE. Fait l'aimable et la gentille auprès d'un vieil imbécile de Neuilly... Il est question d'un collier...

GRATEBOUL, à part. C'est le jour aux colliers!

DUHOMARD, à part. Oh! ce n'est pas possible!

MADAME ROCHEPOT, à part et regardant Grateboul. A Neuilly!.. un vieil imbécile!

GRATEBOUL. Pas un mot! le sujet fait signe qu'il veut continuer... Eh bien, Hortense?

HORTENSE. Cette personne fera de la peine... à un autre individu de très-bonne race... et qui a sur elle des droits légitimes...

MADAME ROCHEPOT, à part. Mon mari!.. M. Rochepot!

DUHOMARD, à part. Ça tombe sous le sens... l'individu de bonne race... c'est moi!

GRATEBOUL. Eh bien! mon gendre, vous déclarez-vous satisfait?

DUHOMARD*. Réveillez votre somnambule. (Il reprend les cheveux.)

MADAME ROCHEPOT. Oui! oui! réveillez-la! réveillez-la!

DUHOMARD. Et, quand elle rouvrira les yeux, dites-lui en présence de tous qu'elle vient d'acclamer sa honte, aussi bien que la rupture de notre mariage!

GRATEBOUL. Que voulez-vous dire?

TOUS. Duhomard!

DUHOMARD. Duhomard! il n'y en a plus! La personne sur qui je viens de demander des renseignements à Mademoiselle n'est autre que mademoiselle elle-même... et ils sont frais, les renseignements!

HORTENSE. Est-il possible?

GRATEBOUL. Eh quoi! ces cheveux?...

DUHOMARD. Ce sont bien ceux de votre fille, qui m'ont été livrés par votre cuisinière Gifflotte.

GRATEBOUL. Oh! la traîtresse!

MADAME ROCHEPOT, à part. Je respire!

GRATEBOUL. Mais ces cheveux, ma fille, sont-ce les tiens?

HORTENSE. Est-ce que je sais, moi? où sont-ils?

GRATEBOUL. Oui, dans le fait, où sont-ils?

DUHOMARD. Les voici!.. Ah! Hortense! Hortense! pourquoi n'êtes-vous pas née chauve?

HORTENSE. Ça mes cheveux? mais pas du tout! Mes cheveux sont bruns, et cette boucle est blonde.

* Roch. Mad. Roch. Duh. Grat. Hort.

DUHOMARD. Au fait, c'est vrai! (A part.) Je ne les avais pas seulement regardés...

ROCHEPOT. Ce ne sont pas vos cheveux... vous en êtes bien sûr?

HORTENSE. Voyez vous-même, papa, la mèche est blonde.

GRATEBOUL. C'est que ça y est, elle est blonde. (Il passe les cheveux à Duhomard, qui les passe à madame Rochepot, qui les passe à son mari.)

DUHOMARD. Très-blonde!

MADAME ROCHEPOT. Oui, à peu près... blonde. (A part.) La peur me regalope.

ROCHEPOT. Blondissime!... mais pas encore si blonde que la chevelure de ma femme.

MADAME ROCHEPOT. Il n'y a pas de comparaison!

DUHOMARD. Mais alors, si cette mèche n'appartient pas à Mademoiselle, à qui appartient-elle donc?

Air : *Je n'y puis rien comprendre* (DAME BLANCHE).

A qui donc cette mèche?

HORTENSE.
A qui donc cette mèche?

MADAME ROCHEPOT.
A qui donc cette mèche?

ROCHEPOT.
A qui donc cette mèche?

GRATEBOUL.
A qui donc cette mèche?

TOUS.
A qui donc cette mèche?

HORTENSE, *parlé*. Eh! mais demandez-le à la personne qui vous l'a remise.

DUHOMARD. Gifflotte!

MADAME ROCHEPOT. C'est inutile : évidemment, ces cheveux sont à elle.

GRATEBOUL. Je sors de sa chambre, la misérable est partie depuis une heure, sous prétexte que je ne lui avais donné que cinq minutes!

DUHOMARD, à part. Elle a parlé d'un bureau de placement, rue Montmartre, j'y serai avant elle. (Haut.) Dites, Hortense, et vous, père Grateboul, si je vous ramène par la nuque cette cuisinière pervertie, me pardonnerez-vous en faveur de mon repentir?

GRATEBOUL. Comptez là-dessus, après une avanie pareille!..

HORTENSE. Jamais, Monsieur! vous avez douté de moi... venez, papa.

DUHOMARD. Hortense, je vous en conjure!..

GRATEBOUL. Venez ma fille! (A Duhomard.) Ça vous apprendra à confondre la chevelure de l'innocence avec celle d'une fille sans mœurs et sans pommade... qui tantôt, devant moi, osait reprocher à Madame d'en consommer à la tubéreuse.

MADAME ROCHEPOT. C'est exact.

ROCHEPOT. La tubéreuse!.. en croirai-je mon nez? (Il flaire le papier.)

ENSEMBLE.

Air :

GRATEBOUL.
Non, plus de veau froid,

Votre conduite est trop grossière;
   Non, plus de beau-père,
Cherchez-en d'autres que chez moi !
         HORTENSE.
   Non plus de contrat,
Votre conduite est trop coupable :
   Sans cause valable,
Fit-on jamais pareil éclat ?
         DUHOMARD.
   Oh! pardonnez-moi
L'erreur dont je fais pénitence :
   Un peu d'indulgence,
Et rendez-moi votre veau froid !
       MADAME ROCHEPOT.
   Ah! pardonnez-lui
L'erreur dont il fait pénitence :
   Un peu d'indulgence,
Soyons tous heureux aujourd'hui !
        ROCHEPOT.
   Je reste abruti;
Allons, morbleu! plus d'indulgence!
   Et tirons vengeance
De ce sexe perverti !

*(Grateboul et Hortense sortent par la gauche, en repoussant Duhomard, qui sort par le fond.)*

## SCÈNE XI.

### MADAME ROCHEPOT, ROCHEPOT.

ROCHEPOT, *arrêtant sa femme.* Où allez-vous donc, Madame?

MADAME ROCHEPOT. Où je vais?.. Tiens, au fait, vous avez raison : laissons-les démêler en famille la sotte chevelure de mademoiselle Gifflotte !

ROCHEPOT. Ah! vous croyez que c'est Gifflotte?

MADAME ROCHEPOT. Je n'en fais aucun doute!

ROCHEPOT. Eh bien! moi, Madame, je suis sûr... que ces cheveux appartiennent à une autre... et qu'ils sont à vous!

MADAME ROCHEPOT. A moi?

ROCHEPOT. Oh! j'ai des preuves! ce blond d'occasion que d'abord j'avais mal reconnu... et cette senteur de tubéreuse qu'exhale votre tour de tête... reniflez!

MADAME ROCHEPOT, *à part.* La tubéreuse!.. je suis perdue! (*Haut.*) Mon ami!..

ROCHEPOT. Arrière, femme de plâtre, arrière !

Air du *Curé de Pomponne.*

   Me traitant comme un écolier,
     Dans vos mœurs trop facile,
   Ah! vous acceptez un collier
     Des mains d'un imbécile?
   L'opinion qui fait la loi
     Défend que l'on s'affiche,
   Et je ne veux pas être, moi,
     Le mari d'une biche!

MADAME ROCHEPOT. Mon ami, je vous jure... sur la tête des enfants que nous aurions pu avoir!

ROCHEPOT. Vous allez nous conduire à l'instant même, moi et mes pistolets, chez votre complice : j'ai comme une idée confuse que je vais prendre des bains de siége dans son sang.

MADAME ROCHEPOT. Pitié !

## SCÈNE XII.

### GRATEBOUL, ROCHEPOT, MADAME ROCHEPOT.

GRATEBOUL. Qu'est-ce qui parle de bains de siége?

ROCHEPOT. Moi! mon ami, moi ! oh! si tu savais!.. ces cheveux blonds sont ceux de Madame!

GRATEBOUL. De ta femme? oh! c'est impossible ! (*Inquiet.*) Te douterais-tu..?

ROCHEPOT. Pas encore, mais j'ai des indices...

GRATEBOUL. Lesquels?

ROCHEPOT. Vois un peu cette facture égarée par je ne sais qui dans le vestibule, et où il est question d'un collier.

GRATEBOUL, *étourdiment.* Celui que j'ai acheté hier... donne !

ROCHEPOT. Toi! toi, Grateboul? cette boîte que j'ai remise à un imbécile, en maroquin rouge, cette boîte était pour ma femme ! Ah! je comprends maintenant ces sommeils attribués à la digestion... la digestion, c'était vous !

GRATEBOUL. Mais, Rochepot!..

MADAME ROCHEPOT. Mon ami!..

ROCHEPOT. Taisez-vous, femme coupable!.. ... et dire que j'ai accepté chez lui le pain et le sel!.... cré nom!.. Feu Grateboul, entre nous, ce sera un duel à mort !

## SCÈNE XIII.

### GRATEBOUL, DUHOMARD, ROCHEPOT, MADAME ROCHEPOT.

DUHOMARD. Impossible de mettre la patte sur Gifflotte !

ROCHEPOT. Duhomard, l'innocence de votre fiancée continue d'éclater! la propriétaire de la mèche porte mon étiquette, hélas ! et voici son affreux associé : feu Grateboul !

DUHOMARD. Diable ! (*Bas à Grateboul.*) Feu Grateboul ! vous sentez le roussi!

ROCHEPOT. Suivez votre beau-père sur le terrain, vous serez son second.

GRATEBOUL, *bas à Duhomard.* Non, tâchez plutôt d'être mon premier.

DUHOMARD, *souriant.* Merci ! pourquoi faire?

ROCHEPOT. Vite! des armes!.... au tir à l'oie je n'ai jamais manqué mon homme!

MADAME ROCHEPOT. Monsieur Duhomard, sauvez-nous! je vous jure que je suis innocente !

GRATEBOUL. Des armes ! (*Bas à Duhomard.*) Sauve-nous et je te donne Hortense!

ROCHEPOT. Où met-on les pistolets... les épées?

DUHOMARD, *bas à Grateboul.* Votre parole d'honneur?

ROCHEPOT. La clef de l'arsenal?

GRATEBOUL. L'arsenal... c'est sur le boulevard Bourdon. (*Bas à Duhomard.*) D'honneur.

DUHOMARD, *idem.* Il suffit... je réponds de tout. (*Haut à Rochepot.*) Comment ! homme primitif, ne voyez-vous pas que cette mèche, dont on accuse une épouse vertueuse, n'est que le produit d'un tour de passe-passe chevelu, tramé par Gifflotte, qui connaissait la jalousie de Monsieur... car vous êtes jaloux, Othello! (*Il prend la mèche.*)

GRATEBOUL ET MADAME ROCHEPOT*. Mais oui, tu es jaloux!

ROCHEPOT. Tant que Gifflotte, elle-même, ne sera pas là, pour avouer sa trame criminelle...

DUHOMARD, *à part.* C'est là le difficile. (*Il aperçoit Gifflotte qui entre par le fond; il lui fait signe de rentrer dans le couloir de gauche.*) Gifflotte!.. elle n'est pas prévenue, et elle serait bien capable de dire la vérité, une fois par hasard!

ROCHEPOT, *criant.* Non! non! Gifflotte ou la mort!

DUHOMARD. Ah ! vous m'ennuyez à la fin ; puisque vous y tenez absolument, je vous autorise à égorger feu Grateboul; mais seulement ne commencez pas sans moi.

ENSEMBLE.

Air : *Victoire !* (1er.)

ROCHEPOT.

Des armes! (*ter.*)
Les combats ont toujours pour moi
Des charmes! (*ter.*)
Malheur à toi! (*bis.*)

GRATEBOUL ET MADAME ROCHEPOT.

Les armes (*ter.*)
N'ont jamais eu beaucoup pour moi
De charmes! (*ter.*)
Je meurs d'effroi! (*bis.*)

DUHOMARD.

Des armes (*ter.*)
Sont fort inutiles, je crois :
Ses charmes (*ter.*)
Disent pourquoi... (*bis.*)

(*Ils sortent tous par le fond, excepté Duhomard.*)

## SCÈNE XIV.

### GIFFLOTTE, DUHOMARD.

DUHOMARD, *faisant entrer Gifflotte.* A nous deux, maintenant, petite malheureuse!..

GIFFLOTTE. Ah ! mon Dieu, vous me faites peur.

DUHOMARD. Tu peux te vanter d'avoir fait de *la jolie* ouvrage!

GIFFLOTTE. Moi?

DUHOMARD. Comment! je te demande des cheveux de ma future, et tu m'en donnes de madame Rochepot!

GIFFLOTTE. Dame! moi, j'avais trouvé ça plus drôle.

* Duh., Gr., Roc., madame Roc.

DUHOMARD. Tu avais trouvé ça plus drôle, toi! en ce moment les Grateboul et les Rochepot s'égorgent peut-être!.. elle avait trouvé ça plus drôle!

GIFFLOTTE. Pas possible? dites donc, monsieur Jules, c'est une bonne farce jouée à madame Rochepot, pas vrai?

DUHOMARD. Oui; mais ce qui est moins plaisant, c'est que mon mariage avec Hortense est à tous les diables, si l'honneur de cette dame n'est pas sauvé.

GIFFLOTTE. Dame! je revenais ici tranquillement faire signer mon livret; mais je dirai tout ce que vous voudrez, je réparerai tout...

DUHOMARD. Et à quelle autre tête que celle de madame Rochepot attribuer ces cheveux incendiaires? où en trouver d'autres également rissolés dans la tubéreuse?

GIFFLOTTE. S'il ne s'agit que de tubéreuse, en voici un pot, là, dans ce cabinet de toilette. (*On entend les voix de Grateboul et de Rochepot.*)

DUHOMARD. Il est trop tard!.. entends-tu ces clameurs?..

ROCHEPOT. Je monterai!..

GRATEBOUL. Tu ne monteras pas!..

DUHOMARD. Ils vont t'interroger... que répondras-tu?

GIFFLOTTE. Dame ! je ne peux pas dire que c'est à moi, je suis *châtaigne !*...

DUHOMARD. Aussi, pourquoi es-tu *châtaigne?* c'est marronnant !

GIFFLOTTE. Dame ! Ah !.. une idée d'imagination !

DUHOMARD. Une idée? donne !

GIFFLOTTE. La personne a des cheveux blonds... ne dites rien, et venez avec moi.

DUHOMARD. Où diable me mènes-tu ?.. Au fond de ce corridor, c'est la niche à la chienne... et je n'ai rien à démêler avec elle.

GIFFLOTTE. Venez toujours!.. Blondine n'est pas méchante... elle ne vous mordra pas.

GRATEBOUL, *en dehors.* Mon témoin!.. je veux mon témoin !

DUHOMARD. Que le diable les emporte !

GIFFLOTTE. Mais quand je vous dis... (*Elle lui parle bas à l'oreille.*)

DUHOMARD. Ah ! Gifflotte ! tu es le protecteur de la femme innocente, malheureuse et persécutée !.. ma fortune est à toi !

GIFFLOTTE. Je la connais celle-là !.. quarante sous !

DUHOMARD. Je mettrai trois francs !

GIFFLOTTE. A c' te niche, monsieur Jules, à c'te niche! (*Ils entrent dans le couloir, deuxième plan à gauche.*)

## SCÈNE XV.

### ROCHEPOT et GRATEBOUL.

GRATEBOUL. Je déclare que je ne me bats pas sans témoin... Duhomard! il me faut Duhomard!

ROCHEPOT. En ai-je des témoins ? en garde !

GRATEBOUL. Mais... c'est un assassinat, et avec quatre pistolets encore !

ROCHEPOT. Je suis l'offensé, j'ai le choix des armes ; je choisis que tu n'en auras pas ; j'essuierai ton feu quand tu auras essuyé le mien, c'est-à-dire les quatre miens... en garde !

GRATEBOUL. Non, à la garde !

## SCÈNE XVI.

### ROCHEPOT, MADAME ROCHEPOT, HORTENSE, GRATEBOUL.

HORTENSE. Qu'y a-t-il ?

MADAME ROCHEPOT. Pourquoi ces exclamations ?

GRATEBOUL. Il y a... que votre mari veut me passer au fil de ses quatre pistolets.

MADAME ROCHEPOT. Monsieur Rochepot !.. mon ami !..

ROCHEPOT. Retirez-vous, femme Putiphar !.. ou plutôt, non, restez !.. vous arrivez à propos pour servir de témoin à notre duel à outrance !

HORTENSE. Y pensez-vous ?

MADAME ROCHEPOT. Mais quand je vous répète que je suis innocente... comme l'enfant qui n'est pas encore né !

ROCHEPOT. Innocente !.. toujours la même rocambole ! allons donc !.. et qui me le prouvera ?..

## SCÈNE XVII.

### MADAME ROCHEPOT, ROCHEPOT, GIFFLOTTE, DUHOMARD, HORTENSE, GRATEBOUL.

DUHOMARD. Moi !

ROCHEPOT. Vous ?

DUHOMARD. Oui, moi !.. ou plutôt Gifflotte, qui arrive à l'instant et qui demande à faire des révélations... Parlez, cuisinière repentante ; à qui avez-vous soustrait ces cheveux ?

GIFFLOTTE.

Air du *Saltarello.*

Monsieur, j'ai des remords plein l'âme...
Je ne veux plus vous cacher rien...
Pour faire une niche à Madame,
Je m'introduis dans cell' du chien !..
Et sur son dos, quoiqu'il gigotte,
J' lui coup' la mèche que voilà...

ROCHEPOT, *parlé.* Comment! ça les cheveux d'un quadrupède ?

(*Suite de l'air.*)
GIFFLOTTE.

Si vous n'en croyez pas Gifflotte...
D'mandez au chien, il vous l' dira !

ROCHEPOT, *parlé.* Même touffe, même papier... (*Il flaire.*) et même odeur ! mais ce chien se sert donc aussi de pommade... à la tubéreuse ?

(*Suite de l'air.*)
GIFFLOTTE.

Blondine, qu'est pas mal voleuse,
Avait cru devoir s'adjuger
Un petit pot de tubéreuse,
Croyant qu' c'était bon à manger.

ROCHEPOT.
Parle, Gifflotte, comme à ton maître !..
Je ne suis plus d'après cela...

GIFFLOTTE, *parlé.* Quoi donc, Monsieur ?

(*Suite de l'air.*)
ROCHEPOT.
Ce qu'un mari parfois peut être !

DUHOMARD.
D'mandez au chien... il vous l' dira.

ENSEMBLE.

Un tel mari ne peut pas l'être...
D'mandez au chien... il vous l' dira.

ROCHEPOT, *parlé.* Ah ! très-bien ! très-bien !

MADAME ROCHEPOT. Le chien est l'emblème de la fidélité !

ROCHEPOT. Et le collier, je comprends... le collier.

GRATEBOUL *. Justement ! je lui en ai acheté un... c'est moi qui suis le vieil imbécile !..

ROCHEPOT. Je ne te dis pas le contraire !..

GRATEBOUL, *bas à Gifflotte.* Gifflotte, tu restes à mon service et j'augmente tes gages.

GIFFLOTTE, *idem.* Bien, Monsieur.

ROCHEPOT. Mais, en attendant, je ne veux plus que tu m'endormes après déjeuner ; vous m'entendez, Grateboul... et je remmène ma femme à Paris.

HORTENSE. Pas avant notre mariage ?

DUHOMARD. Qui finira par avoir lieu, n'est-ce pas, beau-père ?

GRATEBOUL. Soit, mais à une condition !..

DUHOMARD. Laquelle ?

GRATEBOUL. Relâchez-moi une dernière fois mon beurre-fondu : il me serre les hanches que ça n'est pas croyable !

DUHOMARD. Avec lui vous n'êtes pas dans les z-hanches.

ROCHEPOT. Joli ! je le mettrai sur mon journal.

ENSEMBLE.

Air :
De cette mèche aventurine
Nous savons enfin l'origine,
Et la crinière de Blondine
Finit notre guerre intestine.

DUHOMARD, *au public.*

Air du *Baiser au porteur.* (ADAM).
La mèche d'Hortense à Madame
Est imputée... à mon insu ;
Survient un chien qui la réclame :
Et Rochepot est convaincu,
Cette fois, qu'il n'est pas... fichu !
Riez à ce drame pour rire,
Ce soir vous ferez des heureux.
Surtout, Messieurs, n'allez pas dire
Qu'il est tiré par les cheveux !
Ah ! s'il y a mèch', n'allez pas dire
Qu'il est tiré par les cheveux!

REPRISE DE L'ENSEMBLE.

* Madame Roc., Roc., Hor., Duh., Grat., Gif.

FIN.

# EN VENTE CHEZ LE MÊME ÉDITEUR